LIDERAZGO
y LEGADO

JA PÉREZ

Liderazgo y Legado

Keen Sight Books

Puede encontrarnos en la red en: www.KeenSightBooks.com
Reportar errores de imprenta a errata@keensightbooks.com

ISBN: 978-1-947193-12-3

Printed in the U.S.A.

este manual es dedicado a todos los líderes que laboran con nosotros en nuestra querida América

Contenido

Esta literatura

Esta serie intenta comunicar al alumnado, doce columnas básicas elementales, necesarias para establecer los fundamentos sólidos sobre los cuales reposa el liderazgo sano.

No son éstos los únicos principios o conceptos que regulan la formación de un líder, sin embargo, estas doce áreas cubiertas en el libro, establecerán una buena base sobre la cual edificar.

Misión de la *Escuela de Liderazgo Internacional*

Levantar, equipar y enviar líderes de estatura, probados y consagrados, con visión global —listos para sentarse a la mesa con aquellos que moldean culturas, influyen decisiones y diseñan las ideas que dirigen el curso de vida en sus respectivos países.

¿Cómo lo hacemos?

A éstos procuramos proporcionar principios culturalmente sensitivos en un contexto internacional y ésto en sesiones exclusivas —todo en un marco de tiempo que líderes realmente ocupados pueden manejar.

Impacto a largo plazo

Líderes se han de formar con una mentalidad de impacto a largo plazo. Asegurando que la experiencia adquirida por los mismos se transmita de manera exponencial, a medida que se comprometen a influir a otros líderes y comunidades.

1

Paternidad

Preparando un sucesor o sucesores

El líder mentor. El modelo de Pablo (Padre - Hijo espiritual).

El modelo paulino

La relación de equipo paulina es una relación de familia padre/hijos espirituales.

Paternidad espiritual

1- Un mentor no se escoge, se descubre.

No escribo esto para avergonzaros, sino para amonestaros como a hijos míos amados. Porque aunque tengáis diez mil ayos en Cristo, no tendréis muchos padres; pues en Cristo Jesús yo os engendré por medio del evangelio. 1 Cor 4:14,15

Tú no decides: *"voy a ponerme debajo de la mentoría de esta persona"*. Tú descubres esta mentoría a través de relación. Este mentor tiene, o no tiene las características de un padre espiritual.

2- Te lleva de la inmadurez a la madurez espiritual y orden. (El padre espiritual es el que invierte en edificar carácter, disciplina y fuerza espiritual en usted).

* El mentor está más interesado en tu carácter que en tus dones

* El mentor penetra a los asuntos internos del corazón

* El mentor es el que te rescata del abandono espiritual y te adopta

* El mentor ve y entiende tu futuro y te entrena sin decirte todo lo que sabe sobre tu futuro

* El mentor confronta, reprende y corrige

* El mentor establece "control propio" (carácter) en tu vida

3- Te prepara para el futuro.

Un verdadero mentor (o padre espiritual), corta de tu vida cosas que te pueden dañar en el futuro. Pablo circuncida a Timoteo.

> *Después llegó a Derbe y a Listra; y he aquí, había allí cierto discípulo llamado Timoteo, hijo de una mujer judía creyente, pero de padre griego; y daban buen testimonio de él los hermanos que estaban en Listra y*

en Iconio. Quiso Pablo que éste fuese con él; y tomándole, le circuncidó por causa de los judíos que había en aquellos lugares; porque todos sabían que su padre era griego. Hechos 16:1-3

Un mal líder, corta tu potencial en el futuro.

El rey Saúl, en lugar de alegrarse por las victorias que estaba teniendo David (quien veía a Saúl como si fuera un padre), le tuvo celos. Saúl no pudo ser un buen mentor, pues pensaba el él mismo y sus intereses primero.

Aconteció que cuando volvían ellos, cuando David volvió de matar al filisteo, salieron las mujeres de todas las ciudades de Israel cantando y danzando, para recibir al rey Saúl, con panderos, con cánticos de alegría y con instrumentos de música. Y cantaban las mujeres que danzaban, y decían:

Saúl hirió a sus miles, Y David a sus diez miles.

Y se enojó Saúl en gran manera, y le desagradó este dicho, y dijo: A David dieron diez miles, y a mí miles; no le falta más que el reino. Y desde aquel día Saúl no miró con buenos ojos a David. 1 Samuel 18:6-9

2

Características de hijos espirituales

Y Moisés a la verdad fue fiel en toda la
casa de Dios, como siervo, para testimonio
de lo que se iba a decir; pero Cristo como
hijo sobre su casa, la cual casa somos
nosotros, si retenemos firme hasta el fin la
confianza y el gloriarnos en la esperanza.
Heb 3:5,6

• Hijos son parte de una casa (familia). Siervos solo trabajan en una casa.

• Hijos edifican el equipo, siervos trabajan en el equipo (el que no es hijo, puede ver la necesidad del equipo y pasarla por alto no prestando atención).

• Hijos usan el lenguaje de equipo (nosotros, nuestro), siervos usan el lenguaje del individualismo (ustedes).

• Hijos cuidan la reputación del equipo, siervos cuidan su propia reputación (el que no es hijo, cuando hay crisis se separa del equipo).

- Hijos atribuyen logros y conquistas al equipo, siervos se las atribuyen a ellos mismos (el siervo aprovecha los contactos que le da el nombre del ministerio, y lo usan para acaparar para ellos). Por eso es importante identificar a quienes verdaderamente son hijos espirituales.

- Hijos esperan su herencia, siervos tratan de cortar camino (el siervo no completa el proceso de entrenamiento y preparación).

- Hijos respetan la cabeza y cubren la desnudez de quien está en autoridad, siervos exponen la desnudez o las fallas humanas de su líder y comentan sobre ello (Gen 9:20-27, Lev 18:7).

- Hijos honran autoridad, siervos continuamente la desafían.

- Hijos son transparentes con su líder, siervos solo dicen lo que ellos quieren que líder sepa, o lo que el líder quiere oir. El siervo no dice realmente sus planes, mantienen un porcentaje de información a espaldas del líder. Tiene su propia agenda.

- Hijos aceptan la enseñanza y la corrección, siervos creen que no la necesitan. Se resisten a cambios, les es difícil adaptarse. Siervos no toman responsabilidad por sus errores y apuntan el dedo a otros.

- Hijos comparten la visión de la casa, siervos tienen su propia visión. Visión independiente (Fil 2:4; 19-23).

3

Pasando la antorcha
Pasando el manto mientras todavía estoy aquí

Líder que se multiplica

Multiplicarte es tu mayor necesidad.

Si después de una sesión de entrenamiento, reunión, eventos, tu y yo no quedamos enlazados en algún nivel, he fallado en mi misión como embajador.

Establece siempre relaciones duraderas, de respeto y con sanos linderos, de manera que tu liderazgo se extienda.

¿Cómo nos multiplicamos?

1. Observa el don de alguien

2. Invita a ese alguien a una labor donde su don sea funcional

3. Asegúrate de que ese alguien reciba el beneficio de su don

Usted se preguntará... ¿Y yo, que beneficio recibo? Ésto nunca se trató de tí.

Más poderoso cuando no estoy

Si cuando un líder muere, todo lo que levantó muere con él, su influencia es borrada de la memoria de los vivientes. Lo que pasa en tu ausencia es tu legado. Por eso uno de los trabajos más importantes de un líder es convertirse en un mentor.

Jesús le dijo a sus discípulos que ellos estarían mejor en su ausencia.

Pero yo os digo la verdad: Os conviene que yo me vaya; porque si no me fuera, el Consolador no vendría a vosotros; mas si me fuere, os lo enviaré. Juan 16:7

15

Plan de Trabajo

Medite en lo leído y use los espacios debajo para completar su tarea.

Si usted ha usado la versión digital de este material y lo ha tomado como curso, puede someter las respuestas electrónicamente para calificación a la siguiente dirección:

eli@japerez.com

Incluya en su correspondencia:

1- Título de este manual

2- Su nombre y apellidos completos

Alternativamente lo puede enviar por correo tradicional a:

Escuela de Liderazgo Internacional

P.O. Box 211325

Chula Vista, CA 91921 U.S.A.

Explique el modelo de Pablo.

Mencione tres características de un buen mentor.

Un mal líder, corta tu _____. Explique este concepto.

Mencione algúnas características de hijos espirituales.

¿Cómo se multiplica un líder?

Principios aprendidos en este manual:

_____

_____

_____

_____

_____

_____

_____

_____

_____

Textos o frases a memorizar:

_____

_____

_____

_____

_____

_____

_____

_____

_____

_____

_____

_____

Ajustes que debo hacer a mi manera de pensar:

_____

_____

_____

_____

_____

_____

_____

_____

_____

Otras notas:

_____

_____

_____

_____

_____

_____

_____

_____

_____

_____

_____

_____

Formando líderes con mente de reino

Con más de treinta y cinco años de ministerio, y una reconocida trayectoria internacional, que incluye estrechas relaciones con economistas, dignatarios y aquellos que moldean las culturas presentes en las naciones, el autor ha mostrado ser una autoridad en la materia de formar líderes.

Escritor, humanitario, moldeador de culturas y precursor de movimientos de cosecha en América Latina. Su mensaje atraviesa generaciones, culturas y naciones. Ha escrito varios libros y asiste a intelectuales, así como a iletrados, en la adquisición de destrezas esenciales y soluciones pragmáticas para comunicar esperanza con valentía en entornos complejos, y a veces hostiles.

Sus concentraciones masivas y misiones humanitarias han atraído grandes multitudes durante años guiando a miles a una relación personal con Jesucristo.

Él, su esposa y sus tres hijos, viven en un suburbio de San Diego en California, desde donde se coordinan todos los eventos de la asociación que lleva su nombre.

Trabajo de JA Pérez con líderes de Latinoamérica
Cuando una ciudad o provincia es impactada, con frecuencia gobernantes y líderes nacionales —senadores y congresistas— asisten al evento y reconocen el movimiento, pero los frutos mayores del proyecto completo son las miles de vidas que son transformadas por el poder del evangelio. Ese es el principal propósito de todo — comunicar las buenas noticias de Cristo.

Líderes con visión global
Los líderes que equipamos
en las Américas, son quienes
sostienen y dan seguimiento
a movimientos de cosecha
cada vez que concluye un
proyecto a nivel ciudad. Ya
equipados para comunicar
el evangelio de una manera
relevante y culturalmente
sensitiva, estos corren con la
comisión de hacer discípulos
en cada generación y grupo
étnico en todas las esquinas
del continente.

Otros libros por JA Pérez

JA Pérez ha escrito más de 50 libros y manuales de entrenamiento. Todos sus libros están disponibles en Amazon.com así como en librerías y tiendas mundialmente. Libros con temas para la familia, empresa, liderazgo, economía, profecía bíblica, devocionales, inspiracionales, evangelismo y teología.

Serie Líderes

Esta serie está compuesta por doce manuales, con ejercicios y espacios para notas y tareas, de manera que el alumnado pueda recordar y poner en práctica cada uno de los principios aprendidos.

Los principios comprendidos en estos doce manuales también se encuentran en el libro *12 Fundamentos de Liderazgo* para ser usado en lectura regular.

LIDERAZGO
IRREVOCABLE

JA PÉREZ

LIDERAZGO
INTELIGENTE

JA PÉREZ

LIDERAZGO
y CONSORCIOS

JA PÉREZ

LIDERAZGO
y GOBIERNOS

JA PÉREZ

LIDERAZGO
PRODUCTIVO

JA PÉREZ

LIDERAZGO
y CAPITAL INFLUYENTE

JA PÉREZ

LIDERAZGO
INSPIRACIONAL

JA PÉREZ

LIDERAZGO
TRANSPARENTE

JA PÉREZ

LIDERAZGO
y SISTEMAS

JA PÉREZ

LIDERAZGO
y DESARROLLOS

JA PÉREZ

LIDERAZGO
INVISIBLE

JA PÉREZ

LIDERAZGO
y LEGADO

JA PÉREZ

Series Conferencias

Discipulado para Nuevos Creyentes y Estudios de Grupos

Liderazgo, Gobierno y Diplomacia

Inspiración y Creatividad en Liderazgo

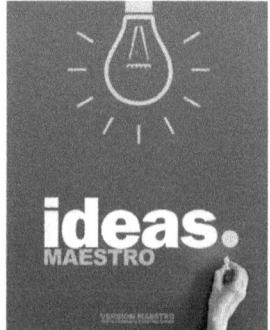

Temas Varios

Crecimiento Espiritual, Principios de Vida y Relaciones — Recientes

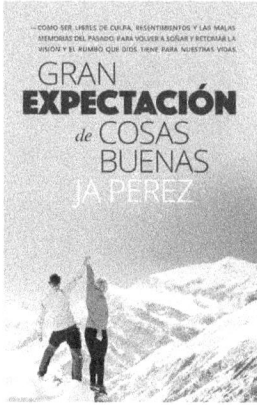

GRAN **EXPECTACIÓN** de COSAS BUENAS
JA PÉREZ

FELIZ
JA PÉREZ
LIBRO INTERACTIVO

COMO PROSPERAR con HUMILDAD
JA PÉREZ

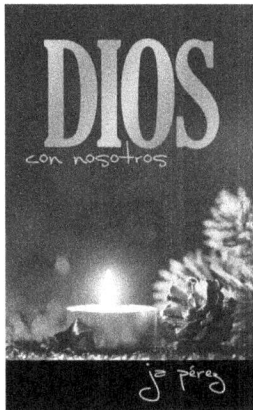

DIOS con nosotros
ja pérez

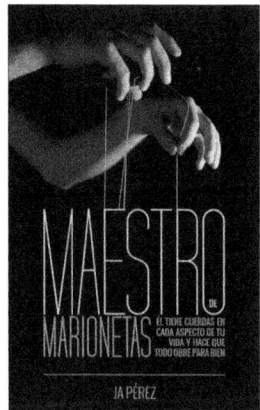

MAESTRO DE MARIONETAS
JA PÉREZ

Profecía Bíblica

40 PROFECÍAS CUMPLIDAS
J.A.PÉREZ

EL FIN
ESTADO PROFÉTICO DE LAS NACIONES
J.A. PÉREZ

Teología

GRACIA SOBERANA
SU SACRIFICIO fue SUFICIENTE
JA PÉREZ

Evangelismo y Colaboración

AHORA
que estoy en
CRISTO

JA PÉREZ

COMO
COMPARTIR
LAS
BUENAS
NOTICIAS

JA PÉREZ

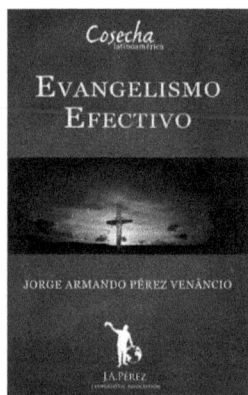

Cosecha
latinoamérica

EVANGELISMO
EFECTIVO

JORGE ARMANDO PÉREZ VENÂNCIO

J.A. PÉREZ
EVANGELISTIC ASSOCIATION

JUNTOS
XEL
CONTINENTE

JA PÉREZ

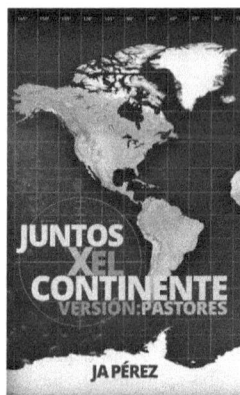

JUNTOS
XEL
CONTINENTE
VERSION:PASTORES

JA PÉREZ

Festivales y
Concentraciones

Juntos En la Jornada

Festivales y
Concentraciones

Juntos En la Cosecha

JUNTOS
en la cosecha

Festivales y
Concentraciones

Juntos Concejo
Internacional

Devocionales

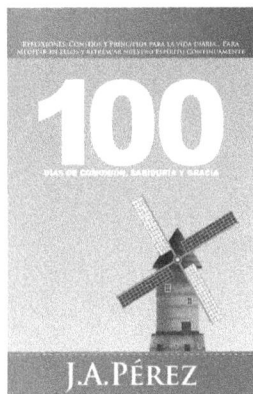

100 — DÍAS DE COMUNIÓN, SABIDURÍA Y GRACIA
J.A. PÉREZ

100 DÍAS de MILAGROS
JA PÉREZ

Ficción, Historietas

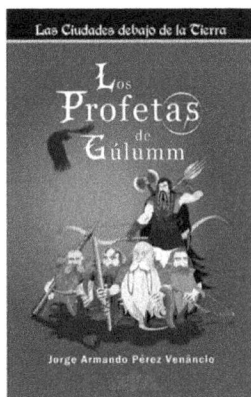

Las Ciudades debajo de la Tierra
Los Profetas de Gúlumm
Jorge Armando Pérez Venâncio

Crecimiento Espiritual, Principios de Vida y Relaciones — Clásicos

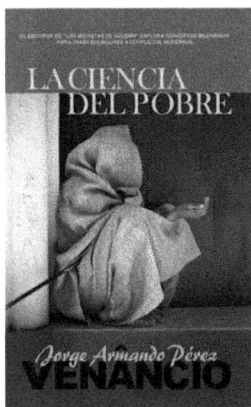

LA CIENCIA DEL POBRE
Jorge Armando Pérez VENANCIO

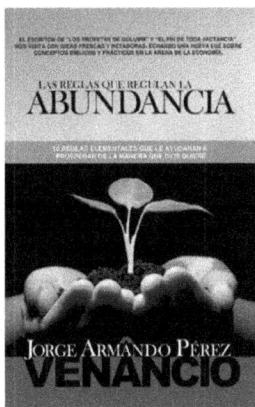

LAS REGLAS QUE REGULAN LA ABUNDANCIA
JORGE ARMANDO PÉREZ VENANCIO

Jorge Armando Pérez Venâncio
Lecciones de un viejo PROFETA mentiroso

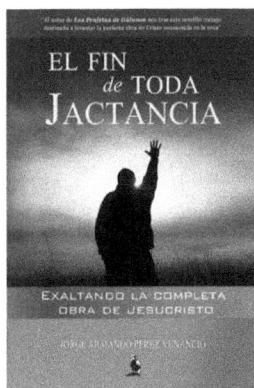

EL FIN de TODA JACTANCIA
EXALTANDO LA COMPLETA OBRA DE JESUCRISTO
Jorge Armando Pérez Venâncio

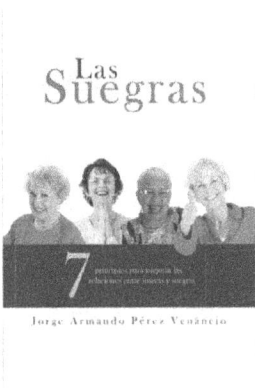

Las Suegras
7 principios para mejorar las relaciones entre nueras y suegras
Jorge Armando Pérez Venâncio

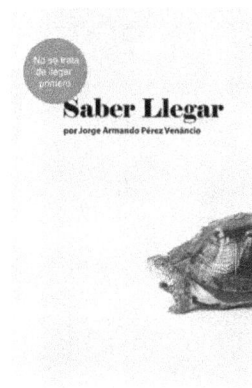

No se trata de llegar primero.
Saber Llegar
por Jorge Armando Pérez Venâncio

NOW

THE URGENCY AND THE KEY
TO REACH THIS GENERATION
WITH THE MESSAGE OF CHRIST

English

Evangelism and Collaboration

COLLAB ORATION

YOUR
KINGDOM
OR HIS
KINGDOM

COLLABORATION 101 *for* EVANGELISTS

COLLABORATION 101 *for* CHURCHES

9 BASIC PRINCIPLES *of* COLLABORATION *for* EVANGELISTS

JA PÉREZ

Festivals and Celebrations

Together | Collaborate

Festivals and Celebrations

Together | International Council

Contacte / siga al autor

Blog personal y redes sociales

japerez.com

@japereznow

facebook.com/japereznow

Asociación JA Pérez

japerez.org

Keen Sight Books

*9 7 8 1 9 4 7 1 9 3 1 2 3 *